mama's cafe books

あしたの
お弁当

飯島奈美

はじめに

私はフードスタイリストという仕事柄、撮影の現場でお弁当を食べる機会が多いです。
季節の食材を使った手作り感のあるものや、できあいの総菜を詰めたようなものまで、かなりたくさんのお弁当を食べてきました。
もちろん売っている商品としてのお弁当は、どれも合格点のおいしさではあります。
でも、母が家族のために、忙しい朝でも手間をかけて作ってくれたお弁当は、大人になっても忘れられないもの。

この本では、忙しい朝でもムリなく作れるような手軽なお弁当、作りおきしたおかずでサッと仕上げられるお弁当、少し手の込んだ、ていねいなお弁当など、いろいろなお弁当を考えました。
作りおきおかずの章では、ひとり分のお昼ごはんにサッとアレンジできるようなメニューもプラスしています。

「あした、お弁当を作ってみようかな」
と思っていただけたら、うれしいです。

はじめに 2

chapter 1 基本のお弁当

- 鮭のおにぎり 8
- 焼き鮭 10
- 卵焼き 12
- 鶏の甘辛焼き 14
- きんぴらごぼう 16

chapter 2 作りおきおかずのお弁当

- 鮭の焼き浸し弁当 20
- ハンバーグ弁当 24
- メンチカツ弁当 28
- 牛肉のにんじん巻き弁当 32
- 豚肉とごぼうのみそおかか炒め弁当 36
- 桜えびと切り干しの香味炒め弁当 40
- 切り干しの卵焼き弁当 44

お弁当作りがラクになる作りおきおかず

- 梅干しの甘酢 48
- にんじんのマリネ 49
- ひじきとじゃこ煮 50
- れんこんと鶏ひき肉炒め 51
- ハンバーグだね 52
- 昆布鮭 53
- ごぼうのみそおかか炒め 54
- たらと桜えびの香味炒め 55

chapter 3 フライパンでどんぶり弁当

しらすとわけぎの卵焼き丼弁当 58

ナポリ丼弁当 60

ソースカツ丼弁当 62

かじきまぐろのカレー丼弁当 64

chapter 4 世界のお弁当

ニース風サラダご飯弁当 68

ポットで作るおかゆ弁当 72

えびのカレー卵炒め弁当 76

さばサンド弁当 80

chapter 5 飯島さんのスナップ日記

お出かけ・その1 お花見 86

お出かけ・その2 釣り 88

お出かけ・その3 山登り 90

コラム 飯島さんのお弁当作り

❶ お弁当をおいしくするルール 18

❷ 私の調味料 56

❸ 私のキッチンツール 66

❹ 私の便利食材 84

おわりに 92

材料別・INDEX 94

本書のきまり

・材料の分量は、特に記載のないかぎり弁当箱1個分(大人1人分)です。
・計量の単位は、小さじ1は5㎖、大さじ1は15㎖です。 ・材料の「サラダ油」は、「太白ごま油」にしても作れます。
・電子レンジの加熱時間は、500Wの場合の目安です(600Wの場合は、0.8倍の加熱時間に調節してください)。

chapter 1

基本のお弁当

映画『かもめ食堂』に登場するおにぎりや焼き魚、
『めがね』で幾度となく映し出される目玉焼きなどの定番朝ごはん。
飯島さんの作り出す料理は、素朴で温かく、
見ているだけで幸せな気分にさせてくれます。
まずは、お弁当でぜひマスターしておきたい味を教わりました。

鮭のおにぎり

「うちではよくおにぎりを作ります。朝、夫より早く出るときは、おにぎりを食卓に用意しておいたりします。おにぎりは、はじめだけぎゅっと、あとはふっくらにぎると、おいしくなりますよ」

材料（5～6個分）
焼き鮭　1切れ（P10・11参照）
ご飯　2合分
塩　適量
のり　全型1枚

梅おかかおにぎり

「私のもうひとつの定番。梅もおかかも両方食べたいからひとつにしてみました」
1個分につき、梅干し1粒を、タネを除いて器に入れてつぶす。おかか適量、しょうゆ少々を入れてよく混ぜ合わせる。

ぬらした手に塩をつけて

手のひらに水をつけて、塩を気持ち多めにとり、手になじませます。

ご飯はややかために

おにぎりのときは、いつもよりほんの少し水を控えめに炊くのがコツ。水分が多いとベタッとします。

手のひらいっぱいに盛って

炊きたてご飯をしゃもじでほぐしたら、手のひらに盛って、鮭をまん中に置きます。

両手でやさしく包みこみます

具がはみ出さないように、ご飯で包みます。力を入れずふんわりとサンドして。

「ぎゅっ!」は最初の3回だけ

さあ、にぎりましょう。3回ぐらい少し強めにむすび、あとは軽く転がすように形を整えます。

のりではさんで

風味が損なわれないよう、のりは直前に袋からとり出して5〜6枚にカット。おにぎりの形に沿わせて包みます。

焼き鮭

材料（1人分）
塩鮭　1切れ

「やっぱりおにぎりの具は、脂ののった鮭で決まり！じゅうじゅうと焼けるいい音がまた、たまりません。焼きすぎてしまうとパサパサになるので注意して。鮭は、うす塩だと味がぼやけるので少し塩けの強い中辛くらいがおすすめです」

焼き網を温めます

魚がくっつかないように、網は焼く直前に温めておきましょう。

さあ、焼きましょう

焼くときは、皮目側から焼きます。中火で4〜5分焼いてまわりが白くなってきたら、ひっくり返します。

こ〜んがり、いいにおい

次に反対側を3分くらい焼きます。焼きすぎてパサパサにならないように注意して。

おにぎりの具にするなら

焼いた鮭の身をはしでほぐします。大きめにほぐしたほうが、食べるときぜいたくな気分に。

卵焼き

材料（1本分）
卵　3個
牛乳　大さじ1と1/2
砂糖　大さじ1〜1と1/2
塩　小さじ1/3
サラダ油　大さじ1/2

「お弁当に卵焼きが入っていると、なんだかうれしくなりませんか？　味を変えたり、具を入れたり、どんなアレンジをしてもおいしくなるから卵はえらい！　大切なのは、新鮮な卵を使うこと。おいしいお弁当のためには、素材選びが肝心です」

だし巻き卵

「甘さを控えただし巻き卵もお弁当向きです」
牛乳・砂糖のかわりにだし汁大さじ3、塩ひとつまみ、うす口しょうゆ小さじ1/2、みりん小さじ1/2で味をつける。

牛乳を入れるのがミソ

ボウルに卵を割り入れましょう。牛乳を入れると、仕上がりがふんわり。砂糖と塩を入れ、混ぜ合わせます。

そーっと流し入れて

熱した卵焼き器に半量の油をひいて。卵液を半分くらい流し入れ、中火で焼きます。

菜ばしでスクランブル！

全体に卵液を広げ、固まる前に菜ばしで混ぜます。火加減に注意して少しずつ卵をまとめて。

三つ折りにして、ぎゅっ

卵がある程度まとまってきたら、菜ばしを使って2回に分けて手前に折りたたみます。

もうひと巻き分焼きます

卵焼きを奥に移し、残りの油をひき、底側を少し菜ばしで浮かしながら残りの卵液を流し込みます。

仕上げに形を整えて

1回目と同様に奥から手前にパタンパタンと折りたたみます。卵焼きを奥側に押しつけて成形を。

鶏の甘辛焼き

「しっかりと味のしみた肉料理は、お弁当おかずの最強選手！しょうがを効かせた甘辛だれは、作り方を覚えておくと便利です。どこか懐かしく、毎日食べても飽きないおふくろの味に仕上がります」

材料(作りやすい分量)
鶏もも肉　1枚(250ｇ)
長ねぎ(斜め切り)　1/2本分
甘辛だれ
　　酒　大さじ1
　　しょうゆ　大さじ1
　　みりん　大さじ1/2
　　砂糖　小さじ1
　　おろししょうが　小さじ1
片栗粉　小さじ1
サラダ油　適量

このひと手間が大切
鶏肉の脂身は、冷えて固まるとおいしくなくなるので、余分な脂を包丁でていねいにそぎ落とします。

ひと口大に切って
食べごたえのある、大きめのひと口大に切っていきましょう。

片栗粉をまぶします
鶏肉全体に片栗粉をまぶして。たれがからみやすくなり、お弁当の汁もれを防ぎます。

焼く直前にしょうがをすって
たれにおろししょうがを入れると、さっぱりと風味がよくなります。直前におろして香り高く。

豪快に焼きましょう！
熱したフライパンに油をひき、鶏肉を皮目から入れます。中火で約3分焼き色がしっかりつくまでほうっておき、ひっくり返します。

ここでねぎを投入！
ねぎを入れ、焼き色をつけます。余分な油をふきとり、合わせたたれを煮からめます。ねぎを皿にとり、鶏肉はたれにとろみがつくまで煮からめます。

きんぴらごぼう

「副菜としてはずせないのが、野菜のおかず。
きんぴらは保存もきくので重宝しています。
ごぼうはいつも泥つきを買ってきて、タワシでゴシゴシ。このほうが新鮮で香りもいい！
火を通しすぎず、シャキシャキ感を残すのがおいしさのコツ」

材料(作りやすい分量)
ごぼう　1本
にんじん　1/2本
合わせ調味料
　　酒　大さじ1と1/2
　　しょうゆ　大さじ1と1/2
　　砂糖　大さじ1/2
赤唐辛子(小口切り)　1本分
白いりごま　適量
ごま油　適量

まずは、ごぼうを切りましょう

ごぼうは5cmの長さにカットして底を少しそぎ、安定させると転がりにくくなります。

さらに細切りにします

スライスしてから細切りにしていきます。適当でOKです。

ボウルに水を張って

ボウルに水を張り、しばらくごぼうをつけておきます。

にんじんをトントントン…

ごぼう同様、最初に薄切りにし、そのあと細切りに。太さもごぼうに合わせましょう。

ぐる〜っとかき混ぜて

熱したフライパンにごま油をひき、赤唐辛子を入れます。水きりしたごぼうとにんじんを炒めて。

一気に仕上げ

3〜4分炒め、全体にしんなりしてきたら、合わせておいた調味料を鍋肌から回し入れましょう。水分がなくなったら皿に盛って最後にごまをふります。

コラム ❶　飯島さんのお弁当作り

お弁当をおいしくするルール

1. 彩りをよくする

揚げものなど肉料理ばかりだと、茶色っぽく地味な印象になってしまう。鮮やかな緑黄色野菜や卵、魚など、いろいろな食材を使って色数をふやし、見た目に工夫しよう。

2. 作りおきおかずを利用する

日持ちのするおかずを作りおきすると、お弁当作りの強い味方に。時間がたつほど味がなじんでおいしくなるので、味わい深くバラエティー豊富なお弁当を作れる。

3. 仕切りを使わない

あえてバランなどでおかずどうしを仕切らず、詰めていく。多少、味が移ってもそれもまた美味。混じったときにおいしくなる、相性のいいおかずどうしを並べるといい。

4. 汁けの多いものは注意する

汁けの多いおかずは、おかかやのりなど乾燥した食材を使って汁けを吸わせること。乾物は、お弁当の汁もれを防げて便利なので常備しておくと重宝する。

5. 好物を1品入れる

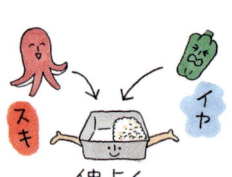

好きなおかずが1つでも入っていたら、誰でもうれしいもの。メインを好物にしたら、副菜は栄養や味つけのバランスを考えて決めよう。そうすることで栄養満点のお弁当に。

chapter 2

作りおきおかずのお弁当

お弁当のおかずを、朝、イチから作るのでは大変。
時間のあるときに、おかずを作りおきしておけば、
サッとアレンジして、おいしいお弁当を作ることができます。
食べてくれる大切な人の顔を思い浮かべながら、
愛情たっぷりに仕上げましょう。

まずは48〜55ページでご紹介している、作りおきおかずを作りましょう。
20〜47ページで登場するお弁当は、こちらの作りおきおかずをアレンジ
したおかずを中心に構成されています。

鮭の焼き浸し弁当

お弁当の献立

鮭とにんじんの焼き浸し
＊＊
ひじきとじゃこ煮のごまあえ
＊＊
れんこんと鶏ひき肉のご飯

ちょっぴりメタボぎみのお父さんに鮭のおかずを主役にしたヘルシーなお弁当を作ってみては？鮭を甘酢で焼き浸しにすると、さっぱりといただけます。おかずがあっさりしているぶん、ご飯はれんこんと鶏ひき肉を混ぜ合わせて食べごたえをアップ！カルシウムたっぷりのごまあえや、ブロッコリーも添えれば、栄養バランス抜群です。こんな豪華なお弁当も、常備しておいた作りおきおかずを使えばあっというまに完成。油は控えめなのに、十分に満足してもらえそうです。

毎度焼き鮭では飽きるから、甘酢であえて奥行きのある味わいに。にんじんの食感がアクセント。

鮭とにんじんの焼き浸し

♪ 昆布鮭 →P53　　♪ にんじんのマリネ →P49
♪ 梅干しの甘酢 →P48

材料
昆布鮭　2切れ
にんじんのマリネ　30g
梅干しの甘酢
　　大さじ1〜2

❶がまだ熱いうちにボウルに入れ、にんじんのマリネ、梅干しの甘酢を加えてあえる。

昆布鮭は解凍し、水けをキッチンペーパーでふき、魚焼きグリルで両面焼く。

カルシウムに富んだごまあえを加えることで、お弁当の栄養バランスがよくなる。ごまはお好みでふやしても。

ひじきとじゃこ煮のごまあえ

🍢 ひじきとじゃこ煮→P50

材料
ひじきとじゃこ煮　20ｇ
白すりごま　小さじ1

作り方
ボウルにひじきとじゃこ煮を入れる。すりごまを加えて混ぜる。

れんこんと鶏ひき肉のご飯

🍢 れんこんと鶏ひき肉炒め→P51

材料
れんこんと鶏ひき肉炒め　50ｇ
ご飯　150ｇ

作り方
❶ れんこんと鶏ひき肉炒めは、電子レンジで約1分半加熱する。
❷ ボウルに❶とご飯を入れ、さっくりと混ぜ合わせる。

具たっぷりの豪華な混ぜご飯で、満腹間違いなし。ご飯に具を混ぜるときは、切るようにするのがコツ。

ハンバーグ弁当

お弁当の献立

ハンバーグ
＊＊
れんこんとじゃがいものカレー炒め
＊＊
ほうれんそうのひじきあえ

部活動に励む、育ち盛りの子どものためのお弁当。おなかペコペコのはずだから、ひき肉にこま切れ肉を加えた、ボリュームのあるハンバーグを主役に。子どもが好きなおかずだけだと栄養が偏ってしまうので、食べてほしい野菜のおかずもしっかり入れてあります。いわゆる"キャラ弁"ではなく、食材の色を生かして盛りつけるのが飯島さんのこだわり。「白いご飯を詰めるだけではなく彩りよく梅干しを散らしたり、野菜のおかずで色を効かせたり。見た目がきれいだと、自然と栄養バランスもよくなりますよ」

こま切れ肉を混ぜこんで、リッチな食感に。弱火で両面を焼きながら蒸らし、うまみを閉じこめて。

ハンバーグ

ハンバーグだね →P52

材料
ハンバーグだね　2個
サラダ油　適量

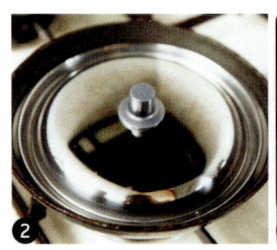 

❷ ひっくり返したらふたをして、弱火で約3分焼く。火を止めて余熱で2分そのまま蒸らし、中まで火を通す。

❶ ハンバーグだねは解凍しておく。熱したフライパンにサラダ油をひき、ハンバーグだねを並べる。弱火で片面を1分半焼く。

子どもが好きなカレー味。最後にじゃがいもを粗くつぶすとはしでつかみやすくなり、食べやすい。

れんこんとじゃがいものカレー炒め

🎵 れんこんと鶏ひき肉炒め →P51

材料(作りやすい分量)
れんこんと鶏ひき肉炒め　50g
じゃがいも　中1個
バター・カレー粉　各小さじ1/2
塩　小さじ1/2

作り方
❶ れんこんと鶏ひき肉炒めは、解凍しておく。じゃがいもは、皮をむいて1.5cm角の角切りにする。
❷ フライパンに水300ml(分量外)と塩、じゃがいもを入れて火にかける。竹串を刺してスッと入るくらいまでゆでる。
❸ ❷の湯を大さじ3くらい残して捨てる。れんこんと鶏ひき肉炒め、バター、カレー粉を加える。粗くつぶしながら、水分がなくなるまで炒め合わせる。

ほうれんそうはゆですぎず、シャキシャキした食感を残して。水けをしっかりとってからあえること。

ほうれんそうのひじきあえ

🎵 ひじきとじゃこ煮 →P50

材料
ほうれんそう　2株
ひじきとじゃこ煮　20g
しょうゆ　少々

作り方
❶ ほうれんそうはサッとゆでて水にとる。水けを搾り、3cmの長さに切る。しょうゆ少々で味をつける。
❷ ❶にひじきとじゃこ煮を加えてあえる。

メンチカツ弁当

お弁当の献立

メンチカツ
＊＊
にんじんのサラダ
＊＊
ブロッコリー入り卵焼き

新婚の旦那さまに作ってあげたい、スタミナ弁当がこちら。「サクサクのメンチカツは、あらかじめ作っておいたハンバーグだねに、ころもをつけて揚げるだけ。ころも用の溶き卵は少量でいいので、卵焼きの材料からとり分けておくとムダなく使えますよ。揚げているときに出てくるパン粉はマメにとり除いて、中温で中まで火を通すのがコツ」卵焼きにはブロッコリー、作りおきしておいたにんじんのマリネにはプチトマトも加えて、野菜もちゃんと摂れるように。

メンチカツ

🥩 ハンバーグだね →P52

外はサクッ、中はジューシー。味つけしてあるが、食べるときにお好みでソースをかけてもいい。

材料
ハンバーグだね　2個
卵焼き(P31)で使う
溶き卵　大さじ2
小麦粉　大さじ2
パン粉　適量
揚げ油　適量

① ハンバーグだねは解凍する。卵と小麦粉を溶いたものをつけ、パン粉をまぶす。

② 中温(約170度)に熱した油で約4分揚げ、中まで火を通す。

ツナはしっかりと油をきること。プチトマトを軽くつぶして、ツナに味をしみこませて。

にんじんのサラダ

🔊 にんじんのマリネ →P49

材料
にんじんのマリネ　30g
ツナ缶　小1/4缶(20g)
プチトマト　3～4個
こしょう　少々

作り方
❶ ツナの油はしっかりきる。
❷ ❶とにんじんのマリネをボウルに入れる。トマトを指で軽くつぶして加え、全体をあえる。最後にこしょうで味をととのえる。

卵に入れる具はブロッコリーのほか、ほうれんそうや小松菜でもOK。パルメザンチーズもよく合う。

ブロッコリー入り卵焼き

材料
溶き卵　2個分
ブロッコリー　1/6個
塩　ふたつまみ
こしょう　少々
バター　大さじ1/2

作り方
❶ ブロッコリーはゆでて水けをきり、細かく刻む。
❷ ボウルに溶き卵(メンチカツ用に大さじ2をとり分けておく)、❶を入れる。塩、こしょうを加えて混ぜ合わせる。
❸ フライパンにバターを入れて熱し、❷を流し入れてざっくりと混ぜる。だいたい火が通ったら3つに折って焼く。

牛肉の
にんじん巻き弁当

お弁当の献立

牛肉のにんじん巻き
＊＊
小松菜の塩昆布あえ
＊＊
鮭と卵のすしご飯風

「お子さまランチって、どうしてみんな洋風なんだろう、とずっと不思議に思っていました。日本で食べられているおかずこそ、子どもも絶対好きだと思うんです」
飯島さんが考えた子どものためのお弁当は、"和風のお子さまランチ"がテーマ。
幼稚園児ぐらいだとまだあまり量を食べられないから、食材の種類は多く、量は少なめに。
子どもに人気といわれるケチャップやマヨネーズ味ではなく、あえてしょうゆの甘辛い味や塩昆布の塩けを生かしてあります。素朴で食べやすい味になりました。

肉を巻けば、野菜が苦手な子どもでも食べやすい。にんじんのシャキシャキした歯ごたえが絶妙！

牛肉のにんじん巻き

にんじんのマリネ →P49

❷ ❶を菜ばしで転がしながら全体に焼き色がつき、火が通るまで焼く。混ぜ合わせたたれを大さじ1（お好みで調節する）加えてサッと炒め、味をからめる。

❶ 牛肉をまな板に広げ、にんじんのマリネを5〜6本のせて巻く。2周巻いたところで余分な肉を切る。熱したフライパンにサラダ油をひき、肉の巻き終わりを下にして並べて焼く。

材料
牛赤身薄切り肉
　30〜40ｇ
にんじんのマリネ　20ｇ
万能だれ
｜　酒　大さじ1
｜　しょうゆ　大さじ1
｜　みりん　大さじ1/2
｜　砂糖　小さじ1
サラダ油　適量

小松菜の塩昆布あえ

材料
小松菜　2株
塩昆布　小さじ1/2
ごま油　小さじ1/3
塩　ひとつまみ

作り方
❶ 小松菜はサッとゆでて水にとる。水けを搾って3cmの長さに切る。
❷ ボウルに刻んだ塩昆布、ごま油を入れ、❶を加えてあえ、塩で味をととのえる。

小松菜は食べやすく、短めに切る。塩昆布のしょっぱさに合わせて、塩の量は加減してみて。

鮭と卵のすしご飯風

🎵 昆布鮭 →P53　🎵 梅干しの甘酢 →P48

材料
ご飯　130g
昆布鮭　1切れ
いり卵
　卵　1個
　砂糖　大さじ1/2
　塩　少々
梅干しの甘酢　大さじ1/2〜1
サラダ油　適量

作り方
❶ 昆布鮭は解凍して余分な水分をふく。魚焼きグリルで両面を焼いてほぐす。
❷ いり卵の材料を混ぜ合わせる。熱したフライパンに油をひいて炒め、そぼろ状にする。
❸ ボウルにご飯と梅干しの甘酢を入れて混ぜ、❶と❷を加えてべちゃべちゃしないようにさっくり混ぜ合わせる。

梅酢ですし飯風にしたご飯に、鮭といり卵を加えるだけ。混ぜご飯は量が食べられない子どもにも向く。

豚肉とごぼうの
みそおかか炒め弁当

お弁当の献立

豚肉とごぼうのみそおかか炒め
＊＊
かぼちゃの煮もの
＊＊
ほうれんそうののり巻き

「OLさんが自分で作って、会社に持っていくお弁当です。
豚肉とごぼうのみそおかか炒めは、沖縄の油みそにごぼうを加えたきんぴらみたいなイメージ。シャキシャキのごぼうとおかかのうまみが豚肉にからんでかむほどに味わい深いんです」
ご飯はせん切りにしたたくあんに黒ごまをふって、シンプルに。
ほうれんそうはのりで巻いて。最初はパリパリだったのりが、お昼には水分を含んでしっとりとしてくるのがまたいい。
時間がたって味がなじんだところをいただくのも、お弁当の楽しみのひとつです。

36

37

豚肉とごぼうのみそおかか炒め

🎵 ごぼうのみそおかか炒め →P54

ヘルシーなごぼうのみそおかか炒めに豚肉を合わせるとボリュームアップ！ いかや魚を加えても合う。

材料
豚ロース薄切り肉　50g
ごぼうのみそおかか炒め　30g
塩　少々
酒　大さじ1/2
サラダ油　適量

1 熱したフライパンにサラダ油を薄くひき、食べやすい大きさに切った豚肉を両面焼く。

2 ❶に軽く塩をふり、酒を加えたらごぼうのみそおかか炒めを加えてサッと炒める。

かぼちゃの煮もの

「女性はかぼちゃが大好きですよね」と飯島さん。落としぶたをし、しばらくおくとホクホクに。

材料(作りやすい分量)
かぼちゃ　1/4個
A
| だし　300㎖
| 砂糖　大さじ1〜1と1/2
| うす口しょうゆ　大さじ1
| みりん　大さじ1

作り方
❶ かぼちゃは、タネをとってひと口大に切る。皮を下にして鍋に並べる。
❷ Aを加え、落としぶたをし、中火で約15分煮る。水分がほとんどなくなったら火を止める。

ほうれんそうののり巻き

のりの風味がほうれんそうを引き立てる。カラシで少し辛みを加えると、さっぱりとしてはしやすめになる。

材料
ほうれんそう　2株
のり　適量
たれ
| ポン酢　小さじ1/2
| カラシ　小さじ1/4

作り方
❶ ほうれんそうは、サッとゆでて水けをよく搾り、半分に切る。
❷ ポン酢にカラシを混ぜて、たれを作る。
❸ ❶のほうれんそうの1/2量に❷をかける。その上に残りのほうれんそうを根元側を反対にしてのせ、たれをはさむ。
❹ ほうれんそうの長さに幅を合わせて切ったのりを敷き、その上に❸を置く。のりを2周くらい巻いたら、お弁当箱の深さに合わせて切る。

桜えびと切り干しの香味炒め弁当

お弁当の献立

桜えびと切り干しの香味炒め
＊＊
しいたけとささみのレモンじょうゆがけ
＊＊
塩ゆで卵

女子高生に持たせたいお弁当には作りおきおかずをアレンジした切り干し大根に、しいたけとささみのレモンじょうゆがけ。素材を生かしたヘルシーさがうれしいラインナップに。「ささみは何度か作っていくうちにパサつかずちょうどよく焼くコツを覚えられると思います。焼き加減もお弁当のおかず作りの重要なポイントです」作り方を参考に、ぴったりのタイミングを覚えましょう。ご飯にはしょうゆをまぶしたおかか、揚げ玉、紅しょうがを混ぜたものをふりかけにしてのせ、明るい彩りを加えました。

41

たらと桜えびの香味炒めと切り干し大根を水で煮た、だしいらずの煮もの。干ししいたけの薄切りを入れても。

桜えびと切り干しの香味炒め

🍥 たらと桜えびの香味炒め →P55

材料(2人分)
たらと桜えびの香味炒め　45g
切り干し大根　15g（もどして水けを搾り、食べやすい大きさに切る）
塩　ひとつまみ

❶ 小鍋にたらと桜えびの香味炒めと切り干し大根、水150㎖（分量外）を入れて火にかける。

❷ 塩を加えたら落としぶたをし、弱めの中火で約10分煮て、塩（分量外）で味をととのえる。ふたをはずし、水分が少なくなるまで煮る。

しいたけとささみのレモンじょうゆがけ

材料
しいたけ　2個
ささみ　1本
ししとう　3本
たれ
　　しょうゆ　小さじ1
　　レモン汁　小さじ1/2
　　砂糖　ひとつまみ
塩　ひとつまみ
サラダ油　適量

作り方
❶ しいたけは石づきをとって3枚にスライスする。ささみは斜めそぎ切りにし、塩をまぶす。
❷ フライパンに油を薄くひき、しいたけ、ささみ、ししとうを並べる。約2分弱火で焼き、焼き色がついたらひっくり返す。同様に、裏面も焼き色をつける。
❸ たれの材料を合わせてボウルに入れ、焼き上がった❷を入れてからめ、そのまま冷ます。

たれは、レモンのかわりにわさびや、しょうゆのかわりにナンプラーを入れると違った味を楽しめる。

塩ゆで卵

材料(作りやすい分量)
卵　1個
塩　小さじ1/2
水　小さじ2
黒いりごま　適宜

作り方
❶ 卵は室温に戻す。小鍋に湯を沸かして卵をそっと入れ、11分ゆでる。
❷ ❶がまだ熱いうちに、少したたいて殻にひびを入れる。ポリ袋に入れて塩と水を加え均一になじませ、空気を抜いて密閉する。冷めたらそのまま8〜12時間冷蔵庫に入れる。
❸ 殻をむき、半分に切る。お好みで黒いりごまをふる。
＊卵にひびを入れた翌日には、食べきること。

ゆで卵を作ってから殻に少しひびを入れ、塩水をまぶしておくだけ。ほんのり塩味のきいた素朴な味になる。

切り干しの卵焼き弁当

お弁当の献立

切り干しの卵焼き
＊＊
厚揚げのケチャップ煮
＊＊
かぶの浅漬け

飯島さんがひとつひとつ、食べる人のことを思い浮かべながら作ったレシピをご紹介しましたが、最後はどんな人にも喜ばれる、マルチなお弁当を。
あえて肉を使わず、卵や野菜で素朴に仕上げています。
切り干し大根を入れた卵焼きは、だしいらずでしみじみとやさしい味。
「厚揚げのおかずというと和風の味つけが多いですが、ケチャップとみそを合わせてみました。厚揚げのかわりにえびを煮てもおいしいですよ」
シンプルだけど奥深い味わいに、誰もがほっとなごむはず。

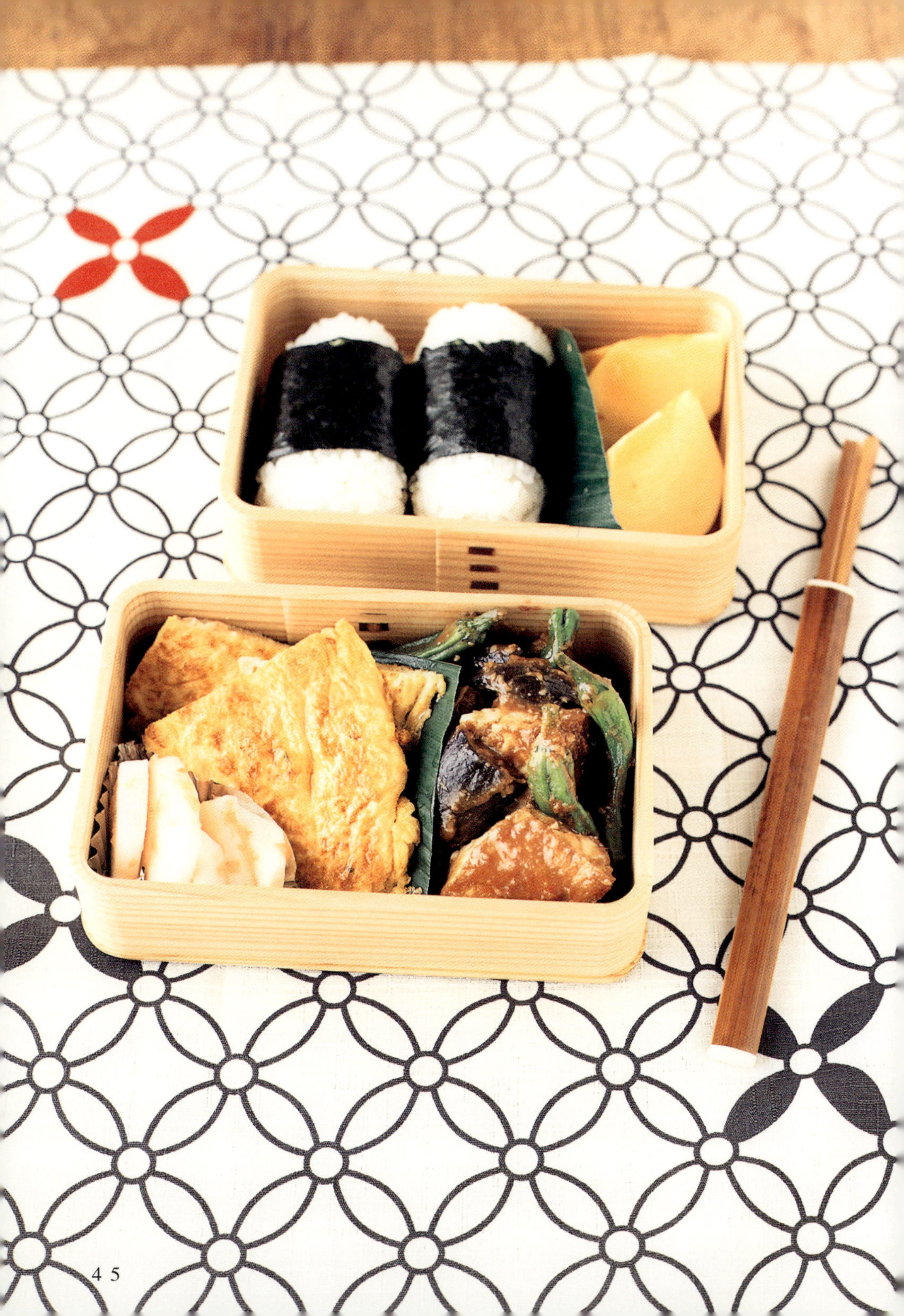

切り干し大根の煮汁で卵がふっくらと仕上がる。全体によく混ぜ合わせ、具が均一に入るよう注意を。

切り干しの卵焼き
🍳 桜えびと切り干しの香味炒め →P42

材料
卵　2個
桜えびと切り干しの
　香味炒め　40g
塩　ふたつまみ
サラダ油　適量

❷ 熱したフライパンに油を薄くひき、❶を流し入れる。菜ばしなどで大きくざっくりとかき混ぜて半熟になったら、半分に折ってひっくり返す。形を整えながら焼いて、両面に焼き色をつける。

❶ ボウルに卵を割りほぐし、桜えびと切り干しの香味炒めと塩を加えて混ぜ合わせる。

厚揚げのケチャップ煮

材料(2人分)
厚揚げ　1/2枚(約110ｇ)
なす　1個
ししとう　6本
ケチャップだれ
　｜　ケチャップ　大さじ2
　｜　みそ　大さじ1
　｜　水　大さじ6
　｜　砂糖(お好みで)　ひとつまみ

厚揚げの油ぬきがめんどうなら、キッチンペーパーではさんで押しつければOK。砂糖を加えてもおいしい。

作り方
❶ 厚揚げはキッチンペーパーなどではさんで油ぬきし、3cm角に切る。なすはひと口大に切る。ししとうは包丁の先で切りこみを入れておく。
❷ 小鍋にたれの材料を入れてよく混ぜ合わせたら、厚揚げ、なすを入れて落としぶたをし、約5分煮る。
❸ ❷にししとうを加えてさらに2〜3分煮て、そのまま冷まして味をしみこませる。

かぶの浅漬け

さっぱりした浅漬けは、はしやすめにおすすめ。かぶをなすの輪切りにかえたり、最後におかかを混ぜても。

材料(2人分)
かぶ　1個
塩　ひとつまみ
梅肉だれ
　｜　梅肉　小さじ1
　｜　酢　小さじ1
　｜　砂糖　小さじ1/2

作り方
❶ かぶは皮をむく。縦半分に切り、7〜8mmの厚さの薄切りにする。塩をまぶして約5分おき、水分が出てきたらキッチンペーパーなどで包み、水けを搾る。
❷ 梅肉だれの材料をボウルに入れ、❶のかぶを入れてあえる。そのまましばらくおいて味をなじませる。

アレンジ料理もあっというま！
お弁当作りがラクになる作りおきおかず

梅酢ソーダ

材料と作り方（1杯分）
グラスに梅干しの甘酢大さじ2、甘酢の梅1個、お好みではちみつを入れ、炭酸水200mlを加え、混ぜ合わせる。氷を加える。

梅干しの甘酢

材料（作りやすい分量）
梅干し　大2個
酢　90ml
砂糖　大さじ2

作り方
❶ 清潔な保存びんにすべての材料を入れて混ぜ合わせる。
❷ 冷蔵庫に入れて約2日間おく。梅干しから塩が出て、うまみが酢にしみ出たら完成。
＊冷蔵庫で2〜3週間保存可能。

梅酢豚そうめん

材料と作り方（2人分）
❶ トマト1個は湯むきしてくし形切りにする。湯むきに使った湯は捨てずにとっておく。豚バラ薄切り肉4枚はひと口大に切り、片栗粉小さじ1をまぶす。
❷ ❶の湯でそうめん3束をゆでたら麺をすくい、水にさらしてざるに上げる。同じ湯で豚肉をゆで、冷水にとり、水けをきる。
❸ つゆを作る。ボウルに大根おろし150ml、梅干しの甘酢大さじ2、甘酢の梅をたたいたもの1個分、塩小さじ1と、❶のトマトを入れて混ぜ合わせる。
❹ 器に❷のそうめんと豚肉を盛って❸をかける。最後にせん切りにした青じそ各2枚分と、おかか少々を散らす。

48

にんじんのマリネ

材料(作りやすい分量)
にんじん　1本
塩　小さじ2/3
サラダ油
　大さじ1/2
砂糖　小さじ1/3

作り方
① にんじんは3〜4mmの太さのせん切りにする。
② ポリ袋に①と塩を入れる。袋の上から軽くもんで約15分おき、水分を出す。
③ 袋を絞るようにして水けをよくきる。さらにキッチンペーパーで水けをふきとる。
④ サラダ油と砂糖を加えてあえる。保存容器に入れて冷蔵する。
＊冷蔵庫で2〜3日間保存可能。

にんじんと卵の炒めもの

材料と作り方(1人分)
① ボウルに卵2個を割り入れ、塩ふたつまみを加えて混ぜ合わせる。
② フライパンを熱し、にんじんのマリネ60gを入れて軽く炒めたら卵を流し入れ、スクランブルエッグにする。
③ 器に盛っておかか少々を散らす。

にんじん入りバゲットサンド

材料と作り方(2人分)
① 玉ねぎ1/6個は、薄切りにして水にさらし、水けをきる。卵1個は両面焼きの卵焼きにし、半分に切る。バゲットは10cmの長さに2個カットする。
② ボウルに、にんじんのマリネ60gと①の玉ねぎを入れ、マヨネーズ大さじ1/2、ナンプラー少々、レモン汁・こしょう各適量を加えてよくあえる。
③ バゲットに切り目を入れてオーブントースターで焼き、レタス適量とハム各2枚、②、卵焼きをはさむ。お好みで香菜を散らしてもいい。

ひじきとじゃこ煮

材料(作りやすい分量)
ひじき(乾燥)　30g
ちりめんじゃこ　20g
A
　しょうゆ　小さじ2
　みりん　小さじ2
　砂糖　小さじ1/2〜1
　水　200ml

作り方
❶ ひじきは水で洗い、たっぷりの水でもどし、ざるに上げておく。
❷ 鍋に❶とちりめんじゃこ、Aを入れて落としぶたをし、水分がほとんどなくなるまで煮る。
❸ 冷ましてから保存容器に入れて冷蔵する。
＊冷蔵庫で3〜4日間保存可能。

ひじきとじゃこ煮のかき揚げ

材料と作り方(2人分)
❶ 長ねぎ5cmは小口切りにする。ボウルにひじきとじゃこ煮50g、長ねぎ、白いりごま小さじ1/2、小麦粉大さじ2と1/2を入れ、サッと混ぜたら水大さじ2を加えて混ぜる。
❷ フライパンにサラダ油を約2cmの深さまで入れて火にかける。❶を適当な大きさに分けて入れ、中温(約170度)で揚げる。
❸ お好みで塩をつけていただく。

おそばにのせて
サクサクの
かき揚げそばに！

ひじきとじゃこ煮の白あえ

材料と作り方(2人分)
❶ 木綿豆腐1/2丁は水きりしておく。ゆでた枝豆はさやから出しておく(約50粒)。
❷ ボウルに豆腐を入れてゴムべらでなめらかになるまでつぶす。
❸ ❷に砂糖大さじ1/2、塩小さじ1/2、白すりごま大さじ1を加えてサッと混ぜ合わせたら、ひじきとじゃこ煮50gと枝豆を加えて軽くあえる。

れんこんと鶏ひき肉炒め

材料(作りやすい分量)
れんこん　200ｇ
鶏ひき肉　200ｇ
A
　うす口しょうゆ
　　　大さじ2
　酒　大さじ1
　砂糖　大さじ1
サラダ油　適量

作り方
❶ れんこんは皮をむいて5〜7㎜の厚さの角切りにし、酢を少々加えた水(分量外)につけておく。
❷ 熱したフライパンにサラダ油をひいてひき肉を入れ、へらでほぐすようにして炒める。
❸ ❷がほぐれたら、水けをきった❶を加えて軽く炒める。Aを加え汁けがなくなるまで炒めたら、火を止めてあら熱をとる。
❹ ポリ袋に入れて平らにし、冷凍する。一度とり出して、割りほぐしてから冷凍すると使いやすい。
＊冷凍庫で2〜3週間保存可能。

れんこんと鶏ひき肉のおから

材料と作り方(作りやすい分量)
❶ 熱した鍋にサラダ油大さじ1をひき、れんこんと鶏ひき肉炒め100ｇを入れて約2分炒める。
❷ ❶に水300㎖、酒大さじ1、砂糖・塩各小さじ1/2を加えて沸騰したら、おから100ｇを加え、水分がほとんどなくなるまでこげないように混ぜながら煮る。
❸ ❷に長ねぎ5㎝を小口切りにして加えて混ぜ、しんなりしたらでき上がり。

ふかしたじゃがいもを
同量加えて
コロッケにしても。

あんかけ焼きそば

材料と作り方(1人分)
❶ 熱したフライパンにサラダ油小さじ1をひき、中華麺1玉を入れて弱火でじっくり両面に焼き色がつくまで焼いてとり出す。
❷ フライパンにごま油小さじ1をひいてもやし1/3袋を炒める。解凍したれんこんと鶏ひき肉炒め100ｇを加えて酒大さじ1、しょうゆ小さじ1、水125㎖、塩ひとつまみを加える。煮立ったら水溶き片栗粉(片栗粉大さじ1/2と同量の水を混ぜる)を加えてとろみをつける。
❸ ❶の麺を皿にのせてほぐしたら、❷をかける。お好みでラー油や酢をかけていただく。

ハンバーグだね

材料(7×5cm・12個分)
合びき肉　350g
豚こま切れ肉　150g
パン粉　20g
牛乳　大さじ1
小麦粉　大さじ1/2
卵　1個
塩　小さじ1
黒こしょう　少々

作り方
❶ パン粉に牛乳を吸わせてから、小麦粉、卵を加えて混ぜておく。
❷ ボウルに肉を入れ、塩、こしょうを加えて約2分練る。❶を加え、さらによくなじむまで混ぜる。
❸ ❷を12等分にして空気を抜くように成形して、1cmの厚さの小判形にまとめ、中央を少しくぼませる。
❹ ❸を1個ずつラップに包み、ジッパー式バッグに入れて冷凍する。
＊冷凍庫で1〜2週間保存可能。

ハンバーグトースト

材料と作り方(2人分)
❶ ハンバーグだね1個は完全に解凍し、やわらかくしておく。
❷ バゲットを1cmの厚さに6枚切り、❶をペーストのように薄く塗ってパルメザンチーズ・こしょう各少々をふる(お好みでナツメグ、ハーブなどをふっても)。
❸ オーブントースターにアルミホイルを敷いて❷をのせ、肉に火が完全に通るまで約3分焼く。

ハンバーグサンド

材料と作り方(1〜2人分)
❶ ハンバーグだね2〜4個は解凍して少し平たくつぶす。
❷ 鍋にトマトジュース190〜200mlと中濃ソース大さじ4、スライスしたにんにく1片分を入れて火にかけ、沸騰したら❶を入れて弱火で10分煮る。
❸ 食パン2〜4枚をトーストしてバター・カラシ各少々を塗る。ハンバーグをはさんで食べやすい大きさに切る。

ハンバーグソースをからめてナポリタンにも。

残ったソースに肉や野菜を加えてハヤシライス風。

昆布鮭

材料(作りやすい分量)
鮭　3切れ
昆布茶(または昆布粉末)
　小さじ1

作り方
❶ 鮭は斜め3等分に切る。
❷ まな板に鮭を並べ、昆布茶を両面にふりかける。
❸ 1切れずつラップに包み、ジッパー式バッグに入れて冷凍する。
＊冷凍庫で2～3週間保存可能。

鮭蒸しご飯

材料と作り方(1人分)
❶ 器にご飯150gを盛る。しょうゆ小さじ1を回しかけて混ぜ合わせたら、平らにならす。
❷ ❶の上に刻んだしば漬け大さじ1、解凍した昆布鮭2切れ、しょうがのせん切り少々をのせてアルミホイルをかぶせ、蒸し器で約15分蒸す(鍋に約3cmお湯を張った中に器を入れてふたをしてもOK)。
❸ 最後に小口切りの万能ねぎ適量を散らしていただく。

鮭ドリア

材料と作り方(1人分)
❶ 耐熱皿にご飯150gと、みじん切りにした青じそ2枚分を入れて混ぜ合わせる。
❷ 昆布鮭2切れは解凍し、小麦粉大さじ1/2をまぶす。
❸ フライパンにバター小さじ1を入れて熱し、バターが溶けてきたら❷を粉ごと加えて軽く1分ずつ両面焼く。牛乳100mlを加えて混ぜながら弱火で煮る。
❹ ❸が沸騰して1～2分したら鮭をへらで粗くほぐして塩小さじ1/4、こしょう少々で調味する。
❺ ❶に❹をかけてパルメザンチーズ少々をふり、オーブントースターでほんのり焼き色がつくまで3～4分焼く。

ごぼうの みそおかか炒め

材料(作りやすい分量)
ごぼう　200g
A
　｜　酒・水　各大さじ2
　｜　みりん　大さじ1
おかか　5g
みそ　大さじ2
白すりごま　大さじ1
ごま油　大さじ1

作り方
❶ ごぼうを大きめのささがきにし、水を張ったボウルにさらしておく。
❷ 熱したフライパンにごま油をひき、水けをきった❶を一気に入れて中火で炒める。
❸ ごぼうに火が通ったらAを加えて混ぜる。
❹ ❸がなじんだらおかか、みそを加えて全体に混ぜ合わせて火を止める。最後にすりごまを加える。

＊冷蔵庫で4〜5日間保存可能。

ごぼうみそのポテトサラダ

材料と作り方(2人分)
❶ じゃがいも2個は皮をむき、6等分に切る。鍋に入れ、じゃがいもがかぶるくらいの水を加えて火にかける。やわらかくなったら湯を捨てる。
❷ ❶のじゃがいもを粗くつぶし、バター5g、ごぼうのみそおかか炒め50gを加えて混ぜる。あら熱がとれたらマヨネーズ大さじ1〜2で調味する。お好みで七味唐辛子少々をふる。

ごぼうみそうどん

材料と作り方(1人分)
❶ 鍋に水200mlを入れて火にかけ、沸騰したらゆでうどん1玉を入れ、ふたをして煮る。
❷ 再び沸騰したらうどんをほぐし、ごぼうのみそおかか炒め50gと、うす口しょうゆ小さじ1を入れて1〜2分煮る。丼にうどんとごぼうだけ移す。
❸ ❷の汁が残った鍋に卵1個を割り入れて火を通し、半熟卵にする。
❹ ❷の丼に半熟卵をのせて、汁を注ぐ。

たらと桜えびの香味炒め

冷ややっこにのせても美味！

材料（作りやすい分量）
- 甘塩たら　1切れ（約110ｇ）
- 桜えび　10ｇ
- 長ねぎ（みじん切り）　1/3本分
- しょうが（みじん切り）　大さじ2
- 塩　小さじ1/2
- 白いりごま　大さじ1/2
- ごま油　大さじ2

作り方
❶ 桜えびは細かく刻む。たらは魚焼きグリルで焼き、皮と骨を除いて身をほぐす。お好みで皮を刻んで加える。
❷ 熱したフライパンにごま油をひいてねぎとしょうが、桜えびを入れて中火で炒める。香りが出てきたら弱火にし、たらと塩を加える。
❸ たらの身をほぐしながら水分をとばすように炒め、骨が残っていたらとり除く。
❹ 最後にいりごまを加える。

＊冷蔵庫で3〜4日間保存可能。

たらと桜えびのチャーハン

材料と作り方（1人分）
❶ 熱したフライパンにサラダ油小さじ1をひき、ご飯200ｇとたらと桜えびの香味炒め30ｇを入れて炒める。
❷ ❶にみじん切りにしたたくあん大さじ1を加える。仕上げにしょうゆ小さじ1/2と同量の酒を合わせて鍋肌から入れ、全体を混ぜ合わせ、皿に盛る。
❸ フライパンに薄く油をひき、卵1個を目玉焼きにして上にのせる。

たらと桜えびの焼きうどん

材料と作り方（1人分）
❶ 熱したフライパンにサラダ油少々をひき、ゆでうどん1玉とたらと桜えびの香味炒め30ｇを入れて炒める。
❷ ❶にソース（中濃やお好み焼きソースなど）大さじ1を加えて最後に5㎝の長さに切ったにら1/3束分を加えてサッと炒める。お好みで紅しょうがを添える。

コラム ❷　飯島さんのお弁当作り

私の調味料

油

サラダ油のかわりに「太白ごま油」を使用。ごま油特有の香りがなく、和洋中どんな料理にも使えます。

しょうゆ

国内産丸大豆100％の「桶仕込濃口醤油〈純〉」は、深みのある味。小びんなので風味を損ないません。

砂糖

ざらめ糖は、わたあめのようにやさしく素朴な味が好き。これは与論島産の「さとうキビザラメ」。

塩いろいろ

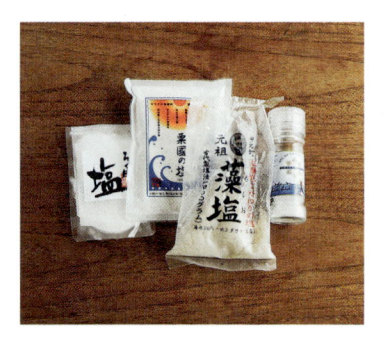

塩職人たちのこだわりにひかれ、旅先でも買う塩。高知の道の駅で買った天日干しの塩がお気に入り。

chapter 3

フライパンでどんぶり弁当

お弁当を作るのがちょっとめんどうな日は、
ご飯におかずをのせるだけでできる
ボリューム満点のどんぶり弁当がおすすめです。
どれもフライパンひとつでサッと作れるメニューばかり。
覚えておくと、きっと助かりますよ。

しらすとわけぎの卵焼き丼弁当

材料
卵　1個
しらす　30g
わけぎ　2〜3本
たくあん　約1.5cm
小麦粉　大さじ1

ポン酢　適量
カラシ　少々
ご飯　適量(弁当箱に入れあら熱をとっておく)

にんじん　適量
みそ　少々
おかか　少々
サラダ油　適量

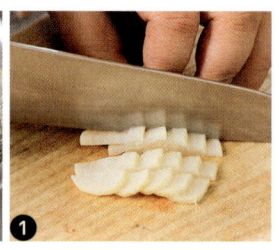

❶ たくあんは3mmの厚さにスライスし、5mm幅に切る。わけぎは根をとり、1〜2cmの長さの斜め切りにする。

❷ ボウルにしらす、わけぎ、たくあんを入れて小麦粉をまぶし、卵を加えて混ぜる。

❸ 熱したフライパンにサラダ油を薄くひき、❷の生地を5等分にし、スプーンですくって、そっと落とす。

❹ ひっくり返したときに、つぶさないようふっくら焼くのがコツ。両面約2分ずつ焼く。

❺ ポン酢とカラシを混ぜ合わせ、❹を1つずつくぐらせて味をつける。ご飯の上にのせてあら熱をとる。

❻ にんじんは大きめに切ってみそとおかかであえ、弁当の隅に添える。

ふんわりとした卵の中に
隠れている
たくあんの食感がポイント。
カラシ入りのポン酢が
食欲をそそります。

ナポリ丼弁当

材料
ソーセージ　2本
ピーマン　1個
玉ねぎ　1/8個
マッシュルーム（水煮）
　　25g

A
│ケチャップ
│　大さじ1と1/2
│水　大さじ1と1/2
│しょうゆ　少々

ご飯　適量
溶き卵　1個分
塩・こしょう　各適量
バター　大さじ1/2
サラダ油　適量

❸ ピーマンは半分に切ってタネをとり、1cm弱の細切り、玉ねぎも同様に切る。ソーセージは斜め3等分に切る。マッシュルームは、水けをきる。

❷ 弁当箱にご飯を入れて塩ふたつまみを上からふり、❶をご飯に混ぜ合わせてあら熱をとっておく。

❶ 熱したフライパンにサラダ油をひき、溶き卵を流し入れる。菜ばしを使って切るようにかき混ぜ、いり卵を作る。

❻ ❷のご飯の上にのせてあら熱をとる。

❺ 野菜がしんなりしてきたら、混ぜ合わせたAを加えて火を止める。サッとからめ、塩、こしょうで味をととのえる。

❹ 熱したフライパンにサラダ油をひかずにソーセージを入れ、焼き色がつくまでしっかり焼く。残りの❸の具を入れ、バターも加えて炒める。

喫茶店の
人気メニューを
どんぶりにアレンジ。
ケチャップが
懐かしい味わい。

ソースカツ丼弁当

材料
豚ロース薄切り肉　5枚
小麦粉　大さじ1/2
溶き卵　1個分
パン粉　適量

ソース
　中濃ソース　大さじ2
　しょうゆ　小さじ1
　ケチャップ　小さじ1
　水　大さじ1
　おかか　2ｇ

キャベツ　1枚
　（せん切り）
ご飯　適量(弁当箱に入れ
　あら熱をとっておく)
塩・こしょう　各適量
揚げ油　適量

❸ ボウルにパン粉を加えて豚肉にまぶし、1個ずつまんべんなくころもをつける。

❷ ❶に塩、こしょうをふる。ボウルに入れて小麦粉を全体にまぶす。次に溶き卵大さじ1を加えて全体にからめる。残りの溶き卵はとっておく。

❶ 豚肉を端から約2cm幅にくるくるとゆるめに巻いて厚みを出す。

❻ ❷の残りの溶き卵は、塩、こしょうし、卵焼きにする。ご飯の上に❺の残りのソースをかけたキャベツをのせ、カツと卵焼きをのせてあら熱をとる。

❺ ソースの材料を耐熱容器に入れて、電子レンジで30秒加熱する。揚げたカツにソースをサッとからめる。

❹ フライパンに油を約2cmの深さまで入れて火にかけ、中温(約170度)になったら片面約1分半ずつ揚げていく。

肉をくるくる巻いて
ふんわりやわらかなとんカツに。
ころも用の卵液は
残ってもムダにせず
卵焼きにしましょう。

きゅうりのカラシ漬けを添えて。きゅうり1本はスティック状に切る。ポリ袋に
ポン酢と水各大さじ1、カラシ小さじ1/2を入れ、きゅうりを加えてもみ、約30分
おく。水けをきって盛りつけ、白いりごま少々をふる。(作りやすい分量)

かじきまぐろのカレー丼弁当

材料
かじきまぐろ
　1切れ（約80g）
プチトマト　2個
わけぎ　2本
さつまいも（皮つき・
　1cm幅の輪切り）　3個

たれ
　しょうゆ　大さじ1/2
　みりん　大さじ1/2
　水　大さじ1/2
　おろししょうが　小さじ1
　カレー粉　少々

ご飯　適量（弁当箱に入れ
　あら熱をとっておく）
塩・片栗粉　各少々
白すりごま　少々
サラダ油　少々

❸ さつまいもは、サッと水にくぐらせて耐熱皿に入れてラップをし、電子レンジで2分加熱する。

❷ プチトマトはヘタをとり横半分に切る。わけぎは3cmの長さに切る。

❶ かじきまぐろを食べやすい大きさに切る。塩をふり、片栗粉をまぶす。

❻ ご飯の上に白すりごまをふり、❺を彩りよくのせる。さつまいもものせてあら熱をとる。

❺ ❷をフライパンの端に置いたら弱火にし、サッと炒める。かじきの身に火が通って両面に焼き色がついたら火を止め、混ぜ合わせたたれを入れてからめる。

❹ 熱したフライパンにサラダ油をひき、かじきまぐろを焼く。同時にフライパンの端に❸を入れ、両面に焼き色がついたらとり出す。

しょうが焼きのたれに
カレー粉を入れて
スパイシーな味わいに。
かじきにかぎらず、
前の晩のお刺身を使っても。

コラム ❸　飯島さんのお弁当作り

私のキッチンツール

卵焼き器

映画『かもめ食堂』でも登場した卵焼き器は、日本橋「木屋」で購入。使うほど手になじみます。

フライパン(小)＆ミルクパン

お弁当用に少量のおかずを手軽に作れます。木の取っ手つきは「工房アイザワ」のもの。

ミニまな板

お弁当のおかずは少し作れば十分。だからまな板も、ミニサイズを魚や肉など食材別に使い分けます。

ミニスパチュラ

長さ20cm以下のミニサイズがお気に入り。耐熱性なので、ソース作りや炒めものに重宝します。

66

chapter 4

世界のお弁当

映画の撮影や雑誌の取材で、海外へ行く機会が多い飯島さん。
その土地ならではの料理の記憶をもとに、
世界各国の味をお弁当向けにアレンジしました。
彩り野菜や魚をしっかり摂れるメニューは、
栄養バランスもよく、お弁当にぴったりです。

ニース風サラダご飯弁当

お弁当の献立

ニース風サラダご飯
＊＊
しいたけのローズマリー焼き

初めてフランスを訪れたときの、飯島さんの目的のひとつが、本場のニース風サラダを食べること。オリーブやトマトなど、ニース地方で収穫される野菜をたっぷり使った、伝統的なサラダです。
「実は、なかなか見つからなくて、評判のビストロでやっと発見。ツナのオリーブオイル漬けのかわりに半生のまぐろが入っていて、びっくりしたんです」
それならばと、さっそく日本でおなじみの、かじきまぐろでアレンジ。サッとゆでるだけなのに、手作りツナの味は格別。ヘルシーなサラダ弁当の完成です。

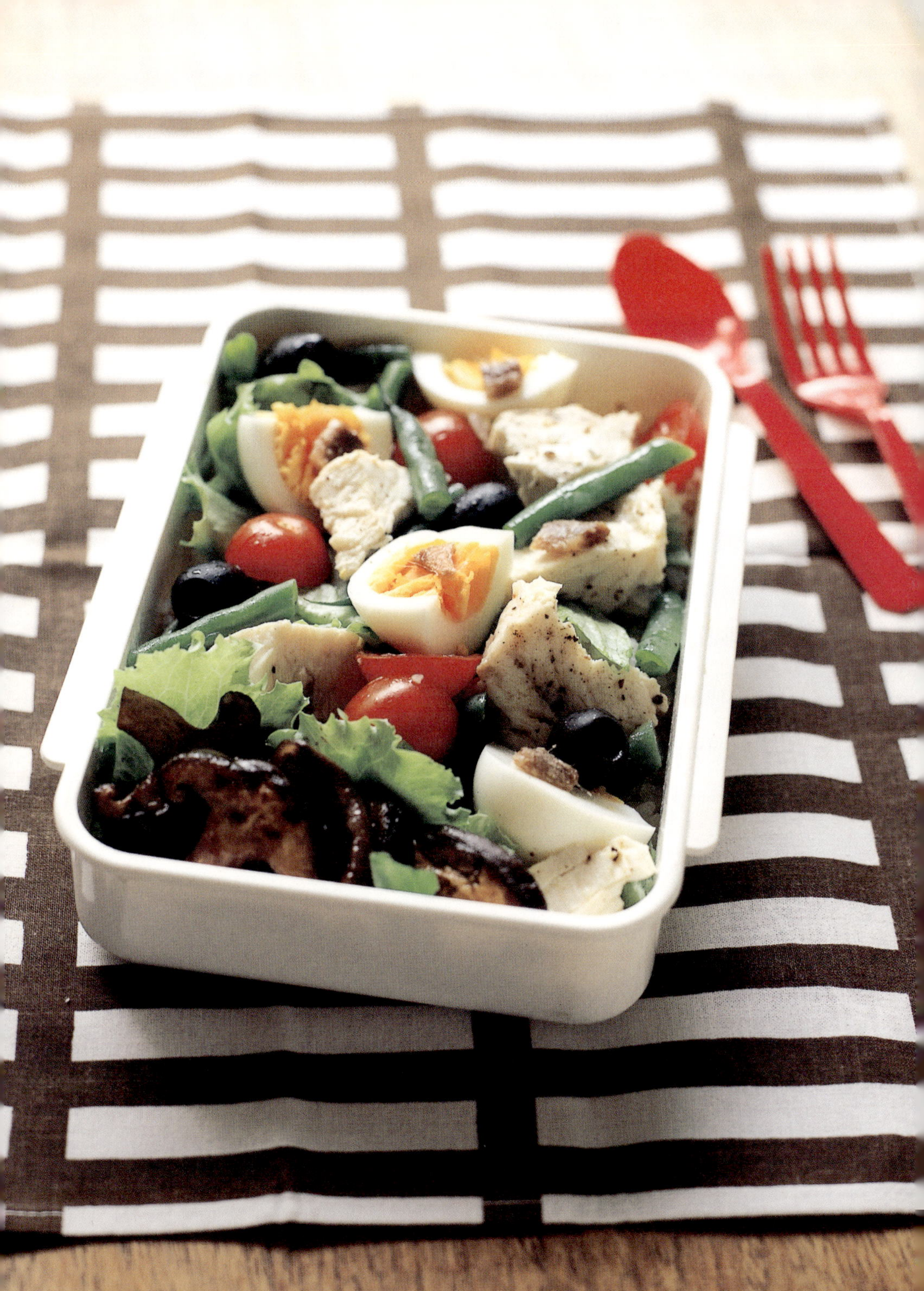

ワインビネガーを使った洋風すしめしと合わせて。オリーブオイルが味をなじませ、意外なほどベストマッチ。

ニース風サラダご飯

材料

かじきまぐろ
　（または、まぐろ）　1切れ
水　250mℓ
塩　大さじ1/2
いんげん　4本
ブラックオリーブ　4個
ゆで卵　1個

ご飯　180g
A
　ワインビネガー
　　大さじ1
　オリーブオイル
　　小さじ1
　塩　小さじ1/4

プチトマト　4個
レタス　1枚
オリーブオイル　小さじ1
塩・こしょう　各少々
アンチョビー　適宜

① 小鍋に水を入れて火にかけ、沸騰したら塩、かじきまぐろを入れて約4分煮て火を止める。しばらくそのままおいて、余熱で火を通す。

② 別の鍋に湯(分量外)を沸かしていんげんをゆでる。水を張ったボウルにとり、冷めたら水けをきって食べやすい大きさに切る。

③ ボウルにAを入れて合わせ、半分に切ったプチトマトを指で軽くつぶしながら加えて混ぜる。

しいたけのローズマリー焼き

材料(作りやすい分量)
しいたけ　3個
ローズマリー　1枝
塩　少々
バルサミコ酢　大さじ1/2
サラダ油　大さじ1/2

作り方
❶ しいたけは石づきをとって3等分に切る。
❷ 熱したフライパンに油をひき、ローズマリーを入れて弱火にする。香りが立ったらとり出し、❶を加えてじっくり炒める。
❸ しいたけは炒めていくと一度吸った油が出てくるので、余分な油をふきとる。塩をふって火を止める。最後にバルサミコ酢を加える。

ローズマリーで風味よく香りづけ。しいたけはじっくり炒めるとうまみが出るので、しっかり焼き色をつけて。

❹ ご飯をお弁当箱に入れて、❸を汁ごと加えて混ぜ合わせ、あら熱をとる。

❺ 水けをきった❶をひと口大にほぐしてボウルに入れ、❷とブラックオリーブを加えてオリーブオイルであえる。塩、こしょうで味をととのえる。

❻ ❹の上にちぎったレタスと❺を盛り、4等分に切ったゆで卵を飾る。お好みでちぎったアンチョビーを散らす。

ポットで作る
おかゆ弁当

お弁当の献立

おかゆ
＊＊
しいたけとのりのオイスター煮
＊＊
切り干し大根の漬けもの
＊＊
青菜とじゃこの卵炒め

「夜寝る前に、携帯用のポットに玄米とお湯を入れておけば、朝、玄米がゆができているのよ」と、友人に教わった飯島さん。

「白米ならもっと短時間でできるな、と試してみたら、大成功でした。だいたい1時間で作れますよ。

自分のポットで試してみてください」

保温性のいいものだと40分ほどですね。ランチの1時間前に仕込めば食べごろに。寒い日にはポットをタオルで巻けば、冷めにくくなる効果があります。

おかゆの友は、食感も味も違う3種。とろみのあるオイスター煮にさっぱり味の卵焼き。シャキシャキ、ピリ辛の切り干し大根。最後まで飽きずにおかゆをいただけます。

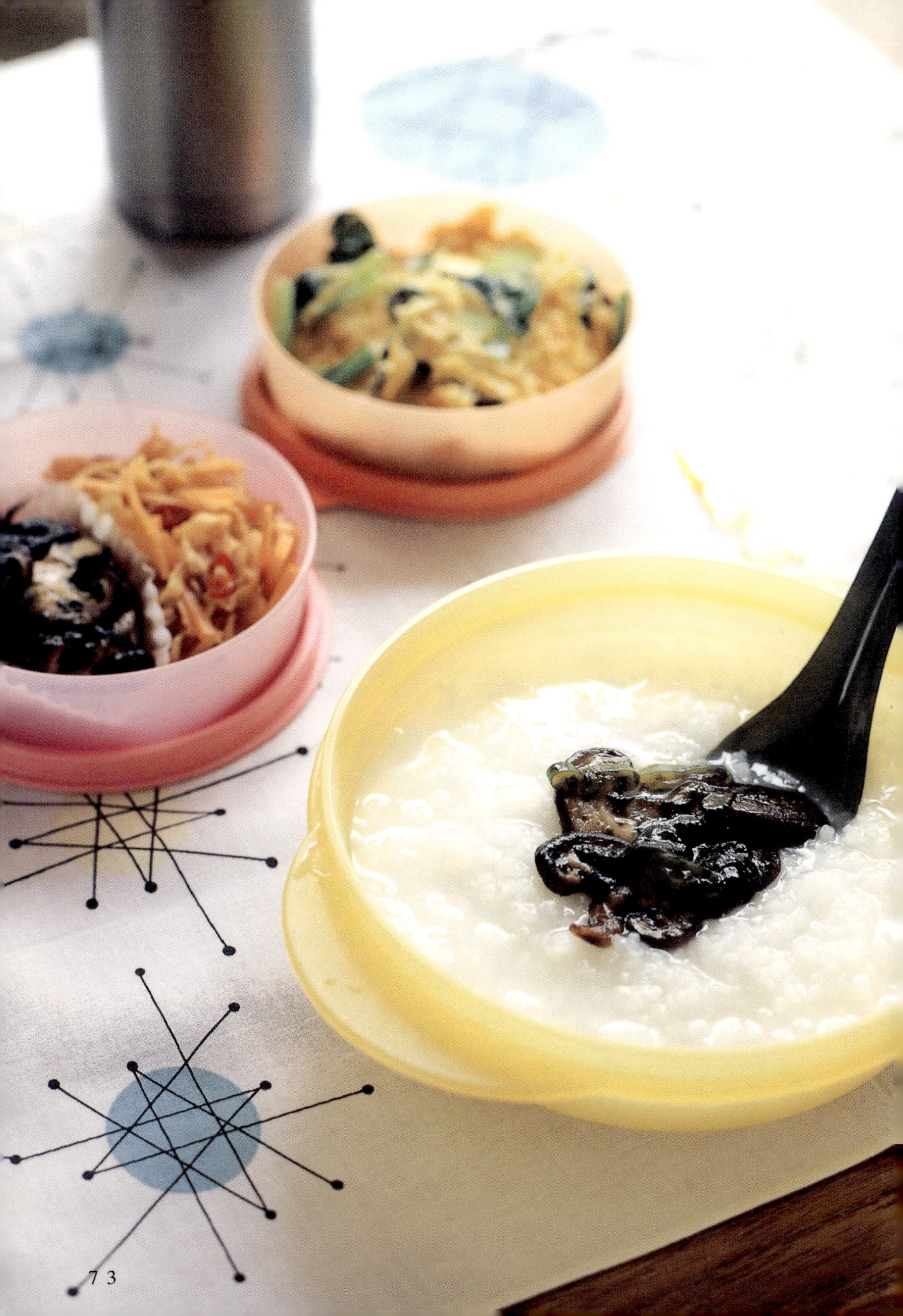

おかゆ

材料
米　40ｇ（といで水をきっておく）
沸騰した湯　ポット1本分
　　（ここでは容量350㎖のポットを使用）

作り方

❶ ポットに沸騰した湯（分量外）を入れて捨て、中を一度温めておく。
❷ 米をポットに入れ、湯をポットいっぱい（あふれない程度）に入れたらしっかりとふたをする。できればタオルで包み、約5分後にポットを一度逆さにし、また元に戻す。そのまま約1時間おく。
❸ ポットの湯を適量捨て、一度かき混ぜてからおかゆを器に注ぐ。

しいたけとのりのオイスター煮

材料
しいたけ　2個
長ねぎ　3㎝
のり　全型1枚
A
　　水　大さじ3
　　オイスターソース　大さじ1/2
　　しょうゆ　小さじ1
　　砂糖　小さじ1/2
サラダ油　小さじ1/2
五香粉　適宜

作り方

❶ しいたけは石づきをとって薄切り、長ねぎは小口切りにする。Aの材料は合わせておく。
❷ 熱したフライパンにサラダ油をひき、しいたけを入れて炒める。焼き色がついてきたらAを加えて弱火にし、2～3分煮る。
❸ ❷に長ねぎとちぎったのりを加える。汁がなくなり、とろりとしてきたらでき上がり。お好みで五香粉をふる。

無洗米を使えば、さらに手軽に作れる。お気に入りのお茶を使って茶がゆにしてもおいしい。

オイスターソースがうまみの決め手。煮つめたのりがとろりとして、おかゆにもからみやすい。

切り干し大根の漬けもの

材料
切り干し大根　10g
にんじん　1/5本
湯　100mℓ
A
　しょうゆ　大さじ1
　酢　大さじ1/2
　赤唐辛子(小口切り)　少々

作り方
❶ 切り干し大根は、水でサッと洗って水けを搾り、食べやすく切る。にんじんはせん切りにする。
❷ ボウルに切り干し大根を入れて湯を入れる。約5分つけたら、Aとにんじんを加えて味がしみるまで漬ける。軽く水けを搾る。

食がすすむ、ピリ辛味の切り干し大根。だし昆布を刻んで加えても、味が深まってよりおいしくなる。

青菜とじゃこの卵炒め

材料
卵　1個
小松菜　50g
ちりめんじゃこ　10g（約大さじ2）
水　大さじ1
塩　適量
こしょう　少々
ごま油　小さじ2

作り方
❶ 小松菜は2cmの長さに切る。
❷ ボウルに卵と水、塩ふたつまみを入れて混ぜ合わせる。
❸ 熱したフライパンにごま油小さじ1をひき、じゃこを加えてサッと炒める。小松菜を加えてしんなりするまで炒め、塩ふたつまみとこしょうで味をととのえる。
❹ ❸に❷を流し入れ、ごま油小さじ1を鍋肌から加えてふんわり両面を焼く。

卵と青菜を、塩こしょうでさっぱり炒めた卵焼き。具をにらやほうれんそうなどにかえてもよく合う。

えびのカレー卵炒め弁当

お弁当の献立

えびのカレー卵炒め
＊＊
大根とにんじんのなます
＊＊
さつま揚げ焼き

「タイのカレーといえば、グリーンカレー、イエローカレー、レッドカレーが有名です。そして、かにと卵を使ったおかず風のカレーも人気。お弁当にするなら、えびのほうが食べやすくて手軽かも」

作り方のコツは、えびの背に切り目を深く入れて小麦粉をまぶすこと。火が通りやすくなり、味もからみやすくなります。

「お弁当にカレー？」と不安に思うかもしれませんが、卵をからめているので汁けがこぼれる心配はありません。つけ合わせもタイ風の味つけに。さつま揚げや大根など身近な食材が、エスニックなおかずに変身します。

77

スパイシーなカレーが、卵でやさしい味わいに。調味料を混ぜたボウルで卵をほぐすことで、卵にも同じ味をつける。

えびのカレー卵炒め

材料
えび 4尾
セロリ(葉も使う) 1/2本
玉ねぎ 1/4個
卵 1個
牛乳 大さじ1
小麦粉 小さじ1/2
カレー粉 小さじ1/2

A
酒 大さじ1
鶏ガラスープの素(顆粒) 小さじ1/2
塩 ひとつまみ
水 60ml

B
オイスターソース 大さじ1/2
ナンプラー 小さじ1
ラー油 小さじ1
砂糖 小さじ1/2
サラダ油 適量

❶ えびは殻をむき、背に切り目を入れて背ワタをとり、小麦粉をまぶす。セロリは茎の筋をとり5mm幅、玉ねぎは5mmの厚さに切る。AとBは別のボウルで混ぜ合わせておく。

❷ 熱したフライパンに油をひき、えびをサッと炒めたら、Aを加えて煮る。沸騰したら玉ねぎ、セロリの茎を加え、さらにカレー粉とBを加えて1〜2分煮る。

❸ Bを合わせておいたボウルに卵と牛乳を入れて混ぜる。❷にざく切りにしたセロリの葉、卵液を加えて混ぜながら、全体に火を通す。

大根とにんじんのなます

材料
大根　1cm
にんじん　2cm
A
　水　大さじ2
　酢　大さじ1
　砂糖　大さじ1/2
　塩　小さじ1/4

作り方
❶ 大根は薄いいちょう切り、にんじんは薄い半月切りにする。
❷ 塩ひとつまみ(分量外)を加えて混ぜ、しんなりしたら軽く搾り、混ぜ合わせたAを加えてしばらく漬ける。

さっぱりしたなますをはしやすめに添えて。大根の白、にんじんのオレンジが、彩りになる。

ナンプラーを使った、タイ風さつま揚げをイメージしたおかず。香ばしい焼き色と甘辛さが、食欲をそそる。

さつま揚げ焼き

材料
さつま揚げ　1〜2枚
A
　ナンプラー　小さじ1/2
　砂糖　ひとつまみ
　酢　ひとたらし
　一味唐辛子　少々

作り方
❶ Aを小皿に入れて混ぜる。
❷ 半分に切ったさつま揚げを焼いて、熱いうちに❶をからめる。

さばサンド弁当

お弁当の献立

さばサンド
＊＊
豆とチーズのサラダ
＊＊
パプリカときゅうりの野菜スティック

飯島さんはトルコ料理に一時期はまり、都内にあるトルコ料理店を探して足しげく通っていました。スパイスを効かせた料理が多くて、おもしろい体験だったそう。トルコの名物・さばサンドも、よく注文していたメニューのひとつ。
「さばをバゲットにはさむ斬新さと、野菜をたっぷり使ってヘルシーなところにひかれました。トマトは電子レンジで温めてくずし、野菜とからめることで、ソースの役割もしてくれます」にんじんやピーマンなどカラフルな緑黄色野菜を使えば、見た目も鮮やかでお弁当が華やかになります。

81

こんがり焼いたさばとパリパリのバゲットが、意外に好相性。人目を気にせず豪快にかぶりつきたい！

さばサンド

材料
さば　1/4切れ
バゲット　20cmの長さ
トマト　1/2個
玉ねぎ　1/8個
にんじん　1/8本
ピーマン　1/2個
レタス　1枚
塩・こしょう・小麦粉
　　各適量
サラダ油　大さじ1/2
オリーブオイル
　小さじ1/2
チリパウダー　適宜
レモン（くし形切り）
　1切れ

❸ トマトは粗く切り、耐熱ボウルに入れてラップをせずに電子レンジで3分加熱する。まだ熱いうちに玉ねぎを入れてあえ、玉ねぎをしんなりさせる。

❷ 玉ねぎ、にんじん、ピーマンはせん切りにする。

❶ バゲットは縦半分に切りこみを入れ、オーブントースターで焼く。

豆とチーズのサラダ

材料(作りやすい分量)
ひよこ豆(水煮)　1缶(120g)
クリームチーズ　40g
A
| 白すりごま　大さじ1
| オリーブオイル　大さじ1
| 塩　小さじ1/3
レモン汁　少々
パプリカパウダー　適宜

作り方
❶ ビニール袋にひよこ豆を入れてめん棒でつぶし、Aを加えてもみながら混ぜ合わせる。
❷ 1cm角に切ったクリームチーズを加えて軽く混ぜ、レモン汁で味をととのえる。お好みでパプリカパウダーをふる。

豆料理がポピュラーなトルコをイメージして考えたサラダ。おろしにんにくを少々加えればおつまみにも。

❻ バゲットに食べやすい大きさにちぎったレタスとさば、❹をはさむ。レモンを添え、食べる直前にさばに搾っていただく。

❺ さばは塩・こしょう各少々をふり、小麦粉を薄くまぶす。熱したフライパンにサラダ油をひき、さばを皮目から焼く。7割方焼けたら返して両面焼く。火が通ったらとり出して骨をとり除く。

❹ にんじん、ピーマンを加えて混ぜ合わせる。塩ふたつまみ、こしょう少々、オリーブオイルを加えて混ぜ合わせる。お好みでチリパウダーをふる。

コラム ❹　飯島さんのお弁当作り

私の便利食材

揚げ玉

コクが出るので、野菜やご飯に混ぜて。汁けのあるおかずに混ぜれば、適度に水分を吸ってくれます。

おかか

料理に加えるだけで、だしのかわりになります。浅漬けに混ぜたり、おひたしにふりかけたりしても。

桜えび&じゃこ

うまみのある日持ちする食材は、常備しておくと便利。野菜と炒め煮にしたり、ご飯に炊きこんでも。

のり

いつも築地ののり店で購入します。おにぎりやおかずに巻くなど、お弁当のすてきな黒子役として。

chapter 5

飯島さんのスナップ日記

休日には、どこかへお弁当を持って出かけたくてソワソワ……。
そんな飯島さんの、ふだんのお弁当を初公開！
つまんで食べられるおかずや、
具だくさんのサンドウィッチなど、
外ごはんを満喫できるアイディアがいっぱいです。

お出かけ・その1

お花見

お花見の時季、天気がよければ外でお昼ごはんにしよう。そう思って残りもので作ったお弁当をかごに詰めていたら急に雨……。おうちでピクニック気分を味わうことにしました。そして晴れた日に、また仕切り直し。今度はフィンガーフードを詰めて、近所の川辺へお出かけ。外で食べるとやっぱりおいしい！

雨だから、おうちでお花見

事務所の窓のカーテンを全開にすれば、咲き誇る桜が目の前に見えるんです。家にいながらにしてお花見気分。

いろいろサンド a

冷蔵庫の中にあるチーズ、ハムや野菜を詰めただけ。好きにはさんで食べる、ラフなサンドウィッチです。

ベトナム風なます b

大根10cm、にんじん5cmをせん切りにし、ナンプラー・砂糖・レモン汁各少々であえた、ベトナム風のなますをパンにはさんで。

ゆで卵とバジル c

ゆで卵2個を刻み、マヨネーズ大さじ1と塩、こしょうで味つけします。刻んだバジルを混ぜれば、でき上がり。青じそでも。

晴れた日は、近所の川へ

次の週末は晴れたので、さっそくスタッフたちと外ランチ。京都で買った竹の三段かごは、精巧にできていてお気に入り。

キウイヨーグルト a

透明のグラスでさわやかに。安定感のあるかごなら、持ち運んでも大丈夫。

えびの簡単春巻き b

刻んだえびとセロリに塩、こしょう、マヨネーズ、片栗粉を加えたあん。春巻きの皮に包んでカラリと揚げました。チリソースを添えて。

中華風おこわ d

もち米とうるち米を混ぜたおこわ。具は鶏肉と干ししいたけ。オイスターソースとしょうゆで味つけ。

お麩入り卵焼き c

卵焼きに麩を入れたのがミソ。もっちりした食感になり、冷めてもおいしくいただけます。

本日のランチの場所は？

川沿いのマンションの3階にある事務所では、毎年、南側の窓のすぐ外で桜が咲きます。高さもちょうどよく、すぐそこまで枝が伸びて、ベランダでお花見ができるんです。近くの川沿いを散歩しながら、咲き乱れる桜を楽しむことも。

スタッフたちの息ぬきもかねて、のんびりと。ポカポカ陽気でここちよく、すっかりリフレッシュできました。

お出かけ・その2

釣り

忙しい合間の気分転換になるので、釣りが好きです。
この日は、針を落とした瞬間に釣れて、1人で合計20匹くらい釣れました。
釣りに熱中しても片手で食べられるように、サンドウィッチを用意しました。
釣った魚をおみやげに、帰ってからいろいろ料理するのも釣りの醍醐味。
今晩は、釣った魚で天ぷらにしよう!!

いざ出発!

船に揺られて千葉の海へ。釣りたい魚により、スポットを変えてくれます。今日はアシスタントと釣果を競争！

大漁〜!

「見て見て〜！」と思わず自慢。白くキラキラと光るきすは小ぶりですが、身が締まっていていかにもおいしそう。

釣れました!

この日は大漁！　きすを中心に、かわはぎなどがすごい勢いで釣れました！そのたびに、参加メンバーから大歓声。

88

卵サンド a

ゆで卵＋マヨネーズではなく、オムレツ風に焼きました。ボリュームが出て、食べごたえ十分です。

照り焼きチキンサンド b

鶏もも肉に甘辛だれをからめた照り焼きチキンは、つい手がのびる人気の味。新鮮なレタスといっしょに。

米粉のロールサンド e

米粉の生地を薄く焼き、パンのかわりに。きんぴらや卵焼きなど朝ごはんの残りをなんでも巻いちゃいます。

ハムときゅうりサンド d

ベーシックな具は、はずせないもの。シンプルなハムときゅうりのサンドは、やはり好評でした。

ポテトサラダサンド c

ほくほくにゆでたじゃがいもをつぶし、ゆでた卵と枝豆を混ぜたポテトサラダ。枝豆の食感がアクセントに。

うん
おいしい〜！

本日のお出かけ先は？

神奈川と千葉との中間、中の瀬あたりの海に向かいました。撮影が重なると行けないのでごくたまにですが、オフの日にスタッフたちに声をかけて、わいわいと行く場所です。思いついたときにすぐ行ける、近場の海が好きですね。

釣れた魚で晩ご飯。きすを天ぷらと昆布じめに。そうめんと和風コールスローサラダを合わせました。

お出かけ・その3

山登り

久しぶりに高尾山へ登りに行きました。この日は晴れていたので、リフトを使わずにはりきって高尾山口から登山スタート。小さく見える街や大自然を眺めていると、ここが本当に東京？と驚きます。お弁当は、牛肉と野菜の手巻きご飯風に。好みの具を巻きながら食べる変わり弁当は、登山後でおなかペコペコのスタッフたちからも、大好評でした。

いってきまーす！

撮影後でちょっと寝不足ですが、登山となれば俄然、やる気がわいてきます。お弁当をたくさん作って、いざ出発！

気持ちいい！

四季折々の表情を見せる、高尾山の景色。澄んだ空気は、もはや東京とは思えません。登山をしながら自然とふれあえます。

越前漆器の白木三段重箱。ふだん使いしやすいシンプルなデザインが好き。開けた瞬間、みんなから歓声が！

さあ
お昼にしよう！

牛肉と野菜の
手巻き弁当

ご飯は塩とごま油少々を加えて炊きました。おかずは牛肉の甘辛炒めと煮もの、卵焼き、レタス、生野菜を切っただけの野菜スティック。レタスにご飯をのせてから、好みの具をあれこれ巻いて食べます。

牛肉の甘辛炒め a

牛肉の薄切りをフライパンで炒め、しょうゆ・酒・みりん・砂糖各少々で味つけを。最後に酢をひとたらし。

本日のお出かけ先は？

八王子出身なので、高尾山は子どものころから家族で必ず年に何度か登っていました。高尾山口から登るのも充実感がありますが、リフトで上まで登ってからのんびりと散策するのもおすすめです。

自分たちで巻いて作る手巻きご飯は、パーティ気分で盛り上がります。澄んだ空気の中、わいわい食べればおいしさ倍増。

おわりに

学校の授業や仕事の合間のお弁当の時間は、
本当に楽しみで待ち遠しいものです
(特に食いしん坊の私にとっては)。
私の母は調理師で、いつもおいしくて
彩りのいいお弁当を作ってくれました。
お昼にお弁当箱のふたを開けるのは、
ちょっと自慢でした。
私も料理をすることが好きだったので、
高校に入ってからは
母に頼んで自分で作るようになりました。
おかずを3品ほど作ると、小さな箱なのに

夕飯と変わらない手間がかかること。
食べ終わるまで飽きないように、
食材や味の組み合わせが大切なこと。
冷めると味が変わることなど、
いろいろとわかりました。
なにげなく食べていたお弁当は、実は奥が深いのです。
忙しい朝、毎日家族に作るお弁当は
「なにげなく」食べられているかもしれないけれど、
いつかそれぞれの大切な思い出の味に、
きっとなります。

飯島奈美

材料別・INDEX

ご飯＊
鮭のおにぎり 8
梅おかかおにぎり 8
れんこんと鶏ひき肉のご飯 23
鮭と卵のすしご飯風 35
鮭ドリア 53
鮭蒸しご飯 53
たらと桜えびのチャーハン 55
しらすとわけぎの卵焼き丼 58
ナポリ丼 60
ソースカツ丼 62
かじきまぐろのカレー丼 64
ニース風サラダご飯 70
おかゆ 74

パン＊
にんじん入りバゲットサンド 49
ハンバーグサンド 52
ハンバーグトースト 52
さばサンド 82

麺＊
梅酢豚そうめん 48
あんかけ焼きそば 51
ごぼうみそうどん 54
たらと桜えびの焼きうどん 55

肉＊
鶏の甘辛焼き 14
ハンバーグ 26
メンチカツ 30
牛肉のにんじん巻き 34
豚肉とごぼうのみそおかか炒め 38
しいたけとささみのレモンじょうゆがけ 43
ハンバーグだね 52

魚＊
焼き鮭 10
鮭とにんじんの焼き浸し 22
昆布鮭 53
たらと桜えびの香味炒め 55
えびのカレー卵炒め 78

94

野菜 ＊

きんぴらごぼう 16
れんこんとじゃがいものカレー炒め 27
ほうれんそうのひじきあえ 27
にんじんのサラダ 31
小松菜の塩昆布あえ 35
かぼちゃの煮もの 39
ほうれんそうののり巻き 39
かぶの浅漬け 47
にんじんのマリネ 49
れんこんと鶏ひき肉炒め 51
ごぼうのみそおかか炒め 54
ごぼうみそのポテトサラダ 54
しいたけのローズマリー焼き 71
しいたけとのりのオイスター煮 74
大根とにんじんのなます 79

卵 ＊

卵焼き 12
だし巻き卵 12
ブロッコリー入り卵焼き 31
塩ゆで卵 43
切り干しの卵焼き 46
にんじんと卵の炒めもの 49
青菜とじゃこの卵炒め 75

乾物 ＊

ひじきとじゃこ煮のごまあえ 23
桜えびと切り干しの香味炒め 42
ひじきとじゃこ煮 50
ひじきとじゃこ煮の白あえ 50
ひじきとじゃこ煮のかき揚げ 50
切り干し大根の漬けもの 75

梅干し ＊

梅干しの甘酢 48
梅酢ソーダ 48

豆・その他 ＊

厚揚げのケチャップ煮 47
れんこんと鶏ひき肉のおから 51
さつま揚げ焼き 79
豆とチーズのサラダ 83

95

飯島奈美

フードスタイリスト。テレビCMを中心に広告、雑誌、屋台など食に関する各分野で幅広く活動。映画『かもめ食堂』をきっかけに、数多くの映画のフードスタイリングを手がける。著書に『LIFE なんでもない日、おめでとう！のごはん。』（東京糸井重里事務所刊）などがある。

料理製作・スタイリング　飯島奈美
取材・編集　川越晃子　矢島亜沙美
編集デスク　小野村麻衣
イラスト　川口澄子
撮影　澤木央子　杉野真理
アートディレクション　藤崎良嗣 pond inc.
デザイン　五十嵐久美恵 pond inc.
校閲　栗木貴代　吉田真理子
制作進行　古川ゆかり
料理助手　板井うみ　篠原真起

本書は、雑誌『mama's cafe』vol.11、vol.13～17の掲載分に、新規取材分を加えて1冊にまとめたものです。

mama's cafe books
あしたのお弁当

著者　飯島奈美
編集人　栃丸秀俊
発行人　黒川裕二
発行所　株式会社 主婦と生活社
〒104-8357　東京都中央区京橋3-5-7
編集代表　TEL 03-3563-5190
販売部直通　TEL 03-3563-5121
生産部直通　TEL 03-3563-5125
印刷所　凸版印刷株式会社
製本所　株式会社若林製本工場

● 乱丁・落丁の場合はお取り替えいたします。お買い求めの書店か、小社生産部までお申し出ください。
● Ⓡ 本書の全部または一部を複写複製（コピー）することは、著作権法上での例外を除き、禁じられています。本書から複写を希望される場合は、日本複写権センター[TEL03-3401-2382]にご連絡ください。

© NAMI IIJIMA　2010　Printed in Japan　ISBN978-4-391-13851-1